오늘도 딩동댕~!

흔한남매의

THE 칼림바

KB191795

[음악세계]

머리말

누구나 처음 접했을 때 작은 악기에서 나는 영롱한 소리에 놀라게 되는 칼림바!
아프리카 반투족의 언어로 '작은 음악'이라는 뜻인 칼림바는 그 이름만큼이나 작지만,
매력 넘치는 소리로 많은 이들의 마음을 사로잡아오고 있습니다.
특히 침방울 전파로부터 자유로운 특징 때문에 코로나 19 시대에 음악 교육 분야에서
두각을 나타냈습니다. 빠른 기간 안에 얻은 인기만큼이나 칼림바 악기만의 특성을 살린
풍부한 콘텐츠가 확보되어야 한다는 필요성 가운데 이 책을 세상에 선보이게 되었습니다.

본 교재는 건반 악기와는 다른 칼림바의 특징인 3도 구성의 타인(tines) 배열에
효과적인 화음 연주를 연구한 연주곡들로 악기를 익힐 수 있도록 구성했습니다.

먼저 1장에서는 악기의 역사와 특징을 알아보고, 다양한 종류의 칼림바에
사용되는 주요 테크닉을 배우며, 2장에서는 대칭 구조인 칼림바의 배열을
쉽게 배울 수 있는 연습곡과 연주곡을 소개하였습니다.
3장부터는 화음 악기인 칼림바의 장점을 살린 편곡으로 2성부 연주 및
반음 연주가 가능한 34 Key 칼림바 연주곡을 수록하였고,
마지막 4장에서는 앙상블 곡으로 발표회와 연주회에 활용할 수 있는 곡들로 구성했습니다.
모든 곡마다 반주를 함께 수록하여 연주의 즐거움을 느낄 수 있도록 하였습니다.

음악 교육 현장에서 필요로 하고 원하는 내용을
충분히 반영하여 본 교재를 내게 되어 기대하는 마음이 큽니다.

많은 분들이 칼림바를 통해 마음에 위안과 감동을 얻기를 바라며
칼림바와 함께 음악의 세계를 마음껏 여행할 여러분들의 여정을 응원합니다!

2024년 10월
한국칼림바교육개발원 산하 부엉이칼림바연구소 저자 일동

추천사

한국칼림바교육개발원의 신간 '흔한남매의 THE 칼림바'의 출간을 환영하며

추천사를 쓰게 되어 매우 기쁘게 생각합니다.

서울대학교 교육연수원에서는 다양한 교사 직무연수를 제공하고 있는데

그중에서도 황지수 박사님의 칼림바 연수는 가장 인기 있는 연수 중 하나일 뿐 아니라

항상 가장 빨리 마감되는 연수이기도 합니다.

하지만 이러한 연수의 인기와 수요에 비해 칼림바 연주 활동을 위한

마땅한 교재가 없던 차에 이번 '흔한남매의 THE 칼림바' 출간은

그간의 갈증을 말끔히 해소해주는 사막의 오아시스와도 같은 기회라고 생각됩니다.

저 같은 초보자도 이해하기 쉽게 구성이 되었고 다양한 레퍼토리의 곡들이 수록되어

초보자부터 상급자까지 모두 만족시킬 수 있는 아주 훌륭한 교재입니다.

이번 '흔한남매의 THE 칼림바' 출간을 통해 칼림바의 저변확대가

더욱더 이어지길 희망하며 추천의 글을 마칩니다.

이용호 | 서울대학교 교육연수원장

차 례

제1장 나하 칼림바를 알아보자　　　　　칼림바 기초 지식

제2장 샤샤샤~ 이제 칼림바를 연주해 보자　　　　　단선율

제3장 힘내 더 화려하고 멋있게 연주해보자 　　　　　2성부와 34 key

제4장 뮈앤뮈 이젠 친구들과 같이 연주해 보자 　　　　　앙상블

제1장

칼림바 기초 지식

냐하

칼림바를
알아보자

칼림바가
도대체 뭔가요?

칼림바(Kalimba)란?

아프리카 반투족의 언어로 '작은 음악'이란 뜻입니다. 손 안에 쏙 들어와 안기며 주로 엄지손가락으로 연주하기 때문에 '엄지 피아노(thumb piano)'란 별명으로 불리기도 합니다. 칼림바는 악기의 몸체를 진동시켜서 소리를 내는 체명악기(體鳴樂器)이며, 오르골과 같은 영롱한 소리로 많은 사람의 사랑을 받고 있습니다.

'칼림바'는 아프리카에서 수천 년 전부터 이어져온 악기입니다. 손가락으로 튕겨서 소리를 내는 형태로 울림통이 있는 열매나 거북 등껍질 등을 이용하여 연주한 흔적도 있습니다.

첫 번째 칼림바는 오늘날의 아프리카 카메론 지역에서 발견되었으며 대나무와 같은 목재로만 만들어진 형태였습니다. 그 후 약 1300여 년 전에 아프리카 남동부에서 시작된 철기 시대에 쇠로 된 가늘고 긴 판을 갖추게 된 것으로 추측되고 있습니다. 시간이 흐르면서 6~10개 사이인 타인(Tine)의 악기에서 21~25개에 이르는 악기로 발전되어갔습니다. 종교적 의식이나 환자를 방문할 때 많이 사용되며 아프리카 전역에 널리 퍼지게 되었습니다.

특히, 짐바브웨에서 칼림바의 전신으로 볼 수 있는 엠비라(Mbira)가 주요 악기로 활약하며 오늘날까지 그 형태가 이어지고 있습니다. 남부 아프리카에서 발견된 산자(sanza)도 칼림바와 같은 원리로 연주되는 악기입니다.

아프리카에서 사랑받던 고대 악기를 세계에 알린 사람은 영국의 민속음악학자인 휴 트레이시(Hugh Tracey)입니다. 젊은 시절을 아프리카에서 보낸 휴 트레이시 박사는 아프리카의 민속 음악, 특히 칼림바에 매료되었고 아프리카 음악을 기록하고 녹음하는 데 일생을 매진했습니다. 그는 다양한 방식의 아프리카 칼림바를 서양음악에 익숙한 음계와 음정으로 정비하고 악기의 조율법과 익히기 쉬운 연주법을 20세기 중반에 오늘날과 같은 형태로 만들었습니다. 또 전 세계에 칼림바를 판매하며 아프리카 악기와 음악을 알리는데 큰 기여를 했습니다.

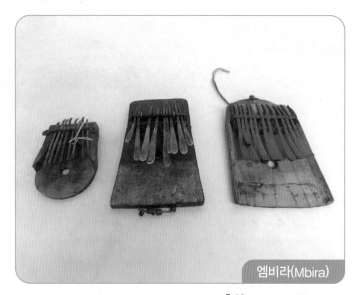

엠비라(Mbira)

출처 kalimbamagic.com

칼림바의 생김새를 살펴볼까요?

👆 앞면

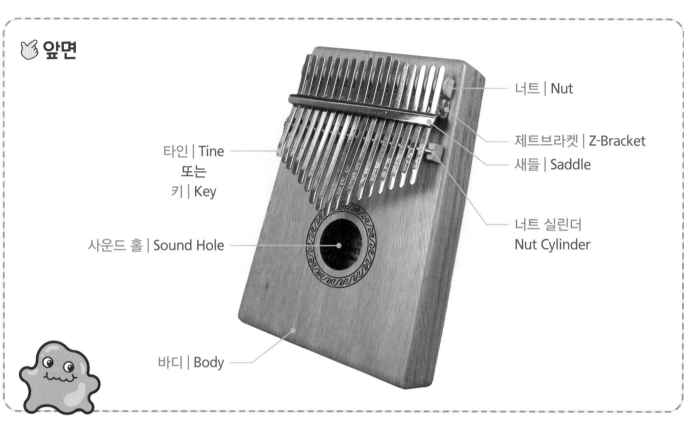

너트 | Nut

타인 | Tine
또는
키 | Key

제트브라켓 | Z-Bracket

새들 | Saddle

너트 실린더
Nut Cylinder

사운드 홀 | Sound Hole

바디 | Body

👆 뒷면

뒷면 사운드 홀
Back Sound Hole

칼림바는 바디(Body)의 재질과 모양, 타인(Tine)의 갯수 그리고 앰프(Amp)장착 등 다양한 조건에 따라 여러가지 종류로 구분됩니다.

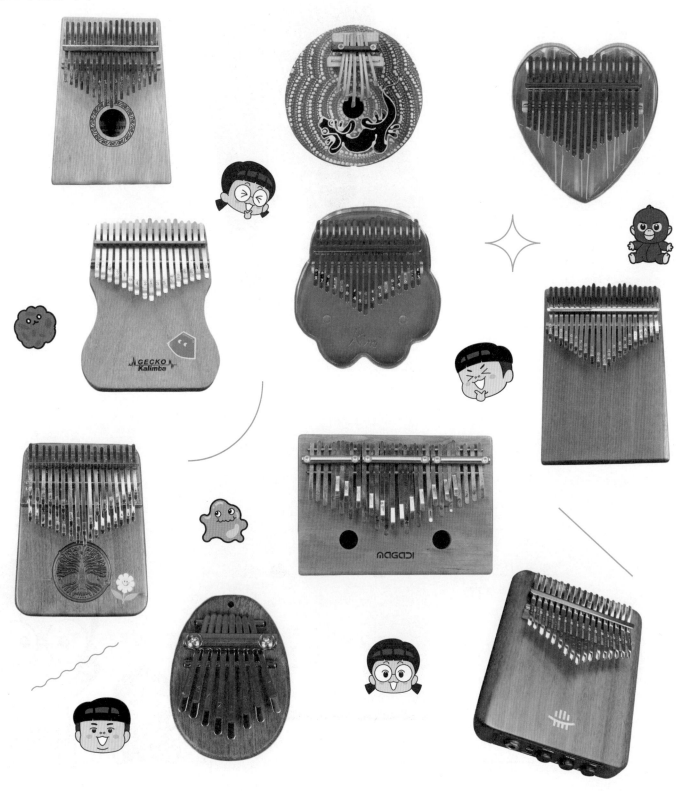

칼림바는 어떻게 관리해야 되나요?

칼림바는 대개 나무로 만들어져서 온도와 습도를 알맞게 조절해 주어야 합니다. 우리나라의 경우 특히 건조한 겨울에 바디가 갈라지는 칼림바가 많습니다. 실내 온도가 일정하게 유지되는 곳에 보관하고 30~60% 사이의 습도를 유지해야 합니다. 케이스에 보관할 경우 제습제를 함께 넣어두어도 좋습니다. 악기 사용 후에는 타인(Tine) 표면을 수건으로 닦아서 보관하여 녹슬지 않도록 주의합니다.

칼림바는 어떻게 조율해야 되나요?

1 │ 조율 도구

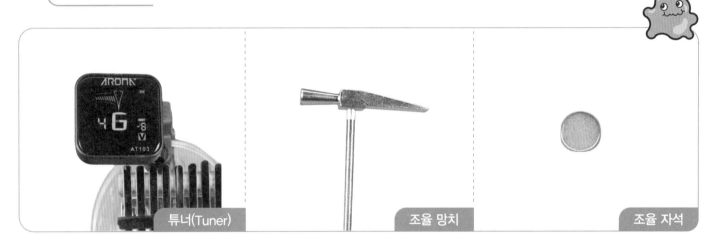

| 튜너(Tuner) | 조율 망치 | 조율 자석 |

👆 **튜너(Tuner)**　　❶ 스마트폰에서 '튜너(Tuner)'를 검색, 애플리케이션을 다운로드하여 사용합니다.
　　　　　　　　　　　인기 앱: 스마트 칼림바
　　　　　　　　　❷ 칼림바용 조율기 구입
　　　　　　　　　　　클립으로 악기에 부착하여 조율이 가능하며, 박스형 악기에 보다 편리합니다.

👆 **테이블 매트**　　조율할 때 발생하는 충격을 줄여주기 위한 매트나 수건을 바닥에 깔아서 사용합니다.

2 조율 방법

1) 조율 망치(튜닝 해머, Tuning Hammer)를 이용한 조율

♥ 음정을 낮출 때는 타인(Tine) 위에서, 음정을 높일 때는 아래에서 망치로 두드리며 음정을 맞춥니다. 망치는 짧게 잡고 스윙을 크게 하며 사용하면 더 빠르게 조율할 수 있습니다.

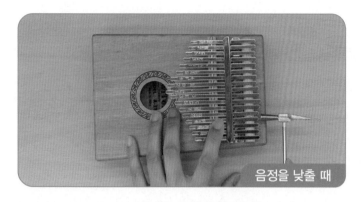

음정을 낮출 때

음정을 높일 때

♡ 다장조(C Major) 외의 조성을 연주할 때

• **바장조(F Major)의 경우:** 7번 타인 2개를 낮춘다.

• **사장조(G Major)의 경우:** 4번 타인 2개를 올린다.

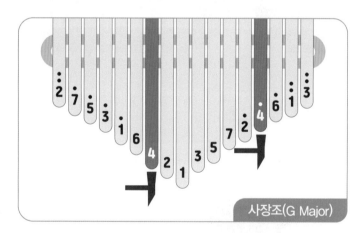

2) 자석을 이용한 조율

♥ 자력이 매우 강하여 널리 쓰이고 있는 산업용 자석인 네오디뮴 자석(Neodymium Magnet)을 타인(Tine)의 특정 부분에 붙이면 음정이 내려갑니다. 자석을 타인에 붙여 손쉽게 조옮김을 할 수 있습니다.

• **추천 사이즈:** 지름 4mm X 두께 1.5mm

(작은 사이즈로 손으로 집기 까다롭지만

가벼워서 음색을 방해하지 않습니다)

지름 5mm X 두께 2mm

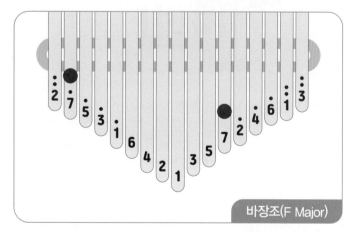

바장조(F Major)

(적당한 사이즈로 다루기 편리하나 민감한 사람은 자석 무게에 따른 음색 변화를 느낄 수 있습니다.)

칼림바는
어떻게 잡아야 하나요?

양 손으로 악기를 감싸듯이 들고 엄지손가락은 앞면 가운데에, 검지손가락은 악기의 옆면에 편안하게 얹습니다. 목과 어깨 등에 힘을 주지 말고 릴랙스한 상태를 유지하고 있는지 확인하고, 손목도 부드럽게 손가락을 따라 움직이도록 합니다.

연주 자세(앞면)

연주 자세(뒷면)

칼림바 악보를 숫자로 본다고요?

오선에 그린 악보를 읽기 어려운 사람을 위한 숫자보는 전 세계적으로 널리 쓰이고 있습니다. 1=C(도), 2=D(레) 등의 순으로 기보되며, 숫자의 위와 아래에 점을 표시하여 음역을 나타냅니다.

칼림바 악보 읽기

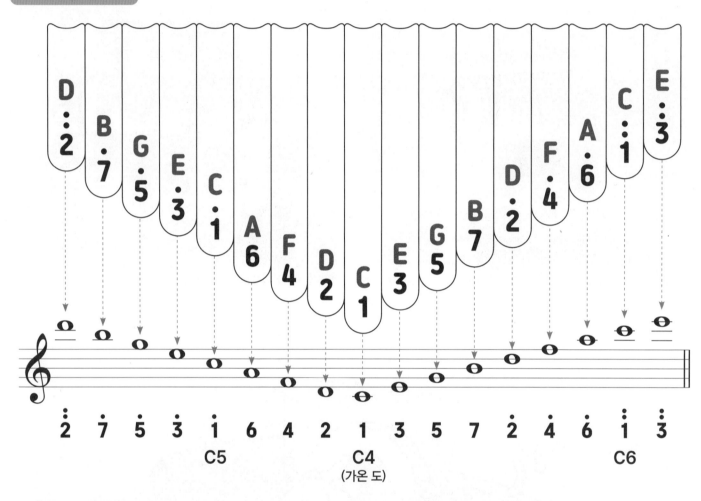

🖐️ 옥타브 표기 방법

옥타브 음을 표기할 때에는 영어 음이름 옆에 숫자를 넣어서 피아노 건반에서 몇 번째 옥타브인지를 알려줍니다.
예를 들어, 우리가 가장 잘 알고 있는 '가운데 도(C)'는 피아노 건반에서 낮은 음부터 세어 올라갈 때 네 번째에 나오는 '도(C)'입니다. 그래서 가운데 도(C)를 'C4'라고 부릅니다.

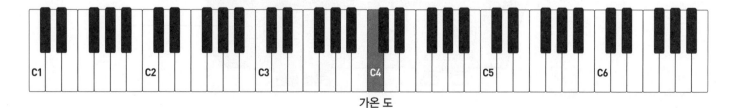

음표와 숫자보 표기법

칼림바 악보는 대부분 숫자 표기법을 사용하고 있습니다. 음이 길면 선으로 표기하며 숫자 옆에 점을 찍어 점음표를, 숫자 아래에 선을 그어 8분음표 등의 리듬을 표시합니다. 숫자로만 악보를 볼 수 있어서 '음알못'도 악보와 친해질 수 있습니다. 음표 및 쉼표와 함께 숫자보 표기법을 잘 기억해두시기 바랍니다.

음표, 쉼표	이름	숫자보 표기법	박의 길이	박 수
o	온음표	1---		4박
━	온쉼표	━		
♩.	점2분음표	1--		3박
━.	점2분쉼표	━.		
♩	2분음표	1-		2박
━	2분쉼표	━		
♩.	점4분음표	1.		$1+\frac{1}{2}$박
𝄽.	점4분쉼표	𝄽.		
♩	4분음표	1		1박
𝄽	4분쉼표	𝄽		
♪	8분음표	<u>1</u>		$\frac{1}{2}$박
♩	8분쉼표	♩		
♬	16분음표	<u><u>1</u></u>		$\frac{1}{4}$박
♩	16분쉼표	♩		

칼림바의 다양한 주법

1 | 비브라토(Vibrato) 주법

긴 음을 연주할 때 주로 사용되며 음을 떨어서 울림을 만들어내는 주법입니다.

1) 박스형 칼림바 뒷면 사운드 홀 사용

　　뒷면의 사운드 홀 두 개를 편한 손가락으로 막
았다 떼었다 하며 연주합니다. 하나의 사운드 홀
만 사용해도 되며, 잘 울리는 저음으로 먼저 연습
하면 좋습니다.

뒷면 사운드 홀 사용

2) 박스형 칼림바 앞면 사운드 홀 사용

　　엄지손가락을 앞면 사운드 홀에 대고 위아래
로 움직여줍니다. 울림이 끊어지기 전에 바로 연
결하여 흔들어주어야 합니다. '와와'라고도 불리
는 주법입니다.

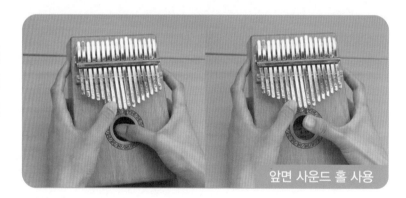

앞면 사운드 홀 사용

3) 플레이트형 칼림바

　　엄지손가락을 앞면 사운드 홀에 대고 위, 아래로 움직여줍니다. 울림이 끊어지기 전에 바로 연결하여 흔들어주
어야 합니다. '와와'라고도 불리는 주법입니다.

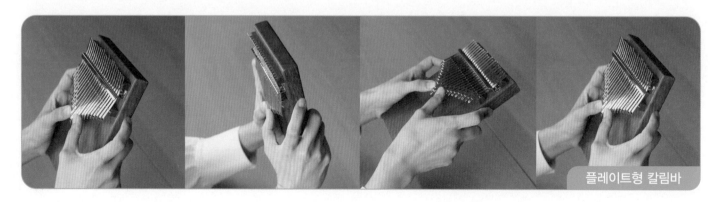

플레이트형 칼림바

글리산도(Glissando) 주법

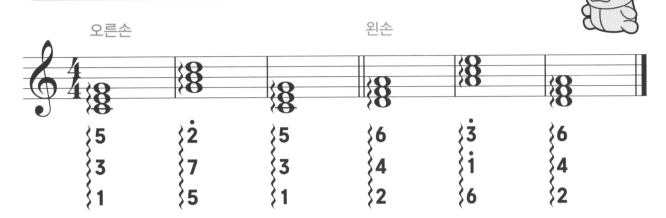

'글리산도'란 두 개 이상의 음을 높낮이가 미끄러지듯 올라가며 연주하는 것입니다. 특히 3도 음정 구성인 칼림바에서 글리산도는 화음 연주에서 더욱 효과적입니다. 칼림바로 글리산도를 연주할 때는 손톱의 길이가 너무 짧으면 어려울 수 있습니다.

✋ '글리산도' 연주 잘 하는 법

❶ 가장 높은 마지막 음을 향해 간다고 생각하며 연주합니다. 첫 음을 누르거나 무겁게 시작하지 않도록 유의합니다.

❷ 손가락으로 원을 그린다고 생각하며 마지막 도착하는 타인에서 아래쪽으로 내려서 연주합니다. 힘을 풀면서 옆의 타인을 건드리지 않고 연주하는 것이 중요합니다.

3 슬라이드(Slide) 주법

윗 단과 아래 단을 연결하는 두 개 이상의 타인을 연속해서 연주하는 주법입니다.

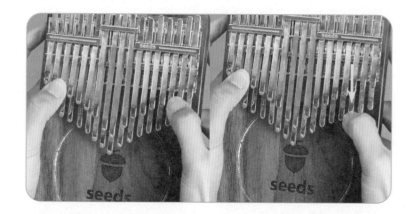

악보 예 Green Sleeves

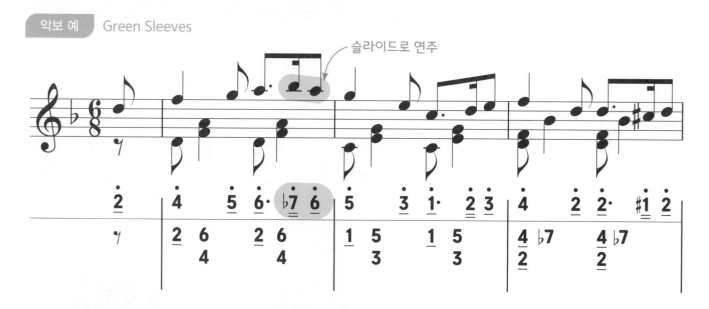

슬라이드로 연주

♭7'에서 6'으로 이동할 때 미끄러지듯 한 번에 연주합니다. 반음의 연결과 리듬 표현을 더 쉽게 할 수 있습니다.

훈한남매의 THE 칼림바

제2장

단선율

이제 칼림바를 연주해 보자

쉬운 곡부터
천천히~

C4 자리 패턴 연습

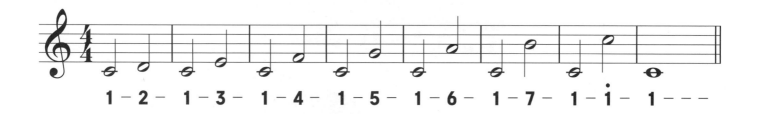

1 - 2 - 1 - 3 - 1 - 4 - 1 - 5 - 1 - 6 - 1 - 7 - 1 - i - 1 - - -

i - 7 - i - 6 - i - 5 - i - 4 - i - 3 - i - 2 - i - 1 - i - - -

1 2 1 - 1 3 1 - 1 4 1 - 1 5 1 - 1 6 1 - 1 7 1 - 1 i 1 - i - 1 -

C5 자리 패턴 연습

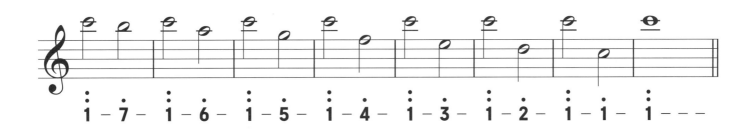

비행기

외국 곡

MR
듣기

♩ = 60

♩ = 80

연습1   C4 자리

3 2 1 2 3 3 3 — 2 2 2 — 3 5 5 —

3 2 1 2 3 3 3 — 2 2 3 2 1 — — —

연습2   C5 자리

3 2 1 2 3 3 3 — 2 2 2 — 3 5 5 —

3 2 1 2 3 3 3 — 2 2 3 2 1 — — —

작은 별

W. A. Mozart 작곡

♩= 60　　♩= 80

 연습1　C4 자리

1　1　5　5　6　6　5　－　4　4　3　3　2　2　1　－

5　5　4　4　3　3　2　－　5　5　4　4　3　3　2　－

1　1　5　5　6　6　5　－　4　4　3　3　2　2　1　－

연습2　C5 자리

1　1　5　5　6　6　5　－　4　4　3　3　2　2　1　－

5　5　4　4　3　3　2　－　5　5　4　4　3　3　2　－

1　1　5　5　6　6　5　－　4　4　3　3　2　2　1　－

가을바람

김규환 작곡

연습1　C4 자리

연습2　C5 자리

아침

E. Grieg 작곡

♩= 60　　♩= 80

5　3　2　　1　2　3　　5　3　2　　1　2　3

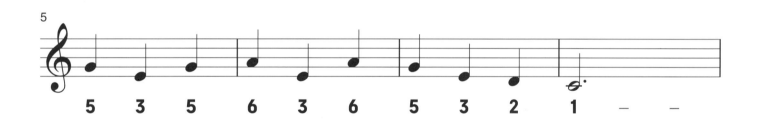

5　3　5　　6　3　6　　5　3　2　　1　—　—

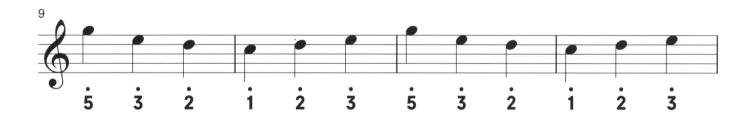

5　3　2　　1　2　3　　5　3　2　　1　2　3

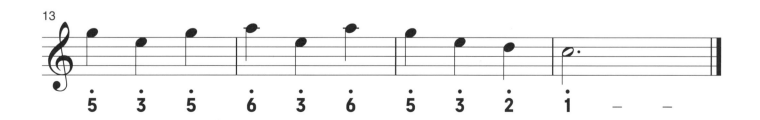

5　3　5　　6　3　6　　5　3　2　　1　—　—

꿈속의 고향

A. Dvořák 작곡

♩= 60 　 ♩= 80

3 5 5 — 3 2 1 — 2 3 5 3 2 — — —

3 5 5 — 3 2 1 — 2 3 2 1 1 — — —

3 5 5 — 3 2 1 — 2 3 5 3 2 — — —

3 5 5 — 3 2 1 — 2 3 2 1 1 — — —

개구리

홍난파 작곡

MR 듣기

♩ = 60   ♩ = 92

5 5 5 5 5 5 3   3 3 3 3 1   –   2 2 2 2 3 4   3 4 3 2 1   –

5
2 2 2 3 4 3 2   3 3 3 6 5   –   2 2 2 3 4 3 2   3 2 3 6 5   –

9
1 1 1 1 1 5 3   2 3 4 5 6   –   5 5 5 5 5   6 7 1 1 1 1 1   –

사랑의 인사

E. Elgar 작곡

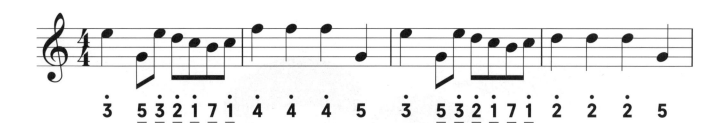

3 5 3 2 1 7 1 4 4 4 5 3 5 3 2 1 7 1 2 2 2 5

3 5 3 2 1 7 1 6 6 6 5 4 3 2 1 6 7 1 − − −

생일 축하 노래

Hill Sisters 작곡

5 5 6 5 1 7 − 5 5 6 5 2 1 − 5 5

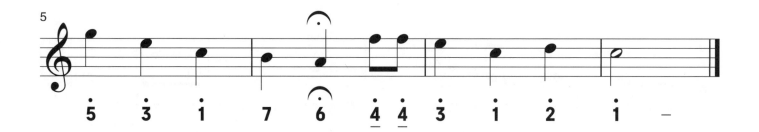

5 3 1 7 6 4 4 3 1 2 1 −

그대로 멈춰라

김방옥 작곡

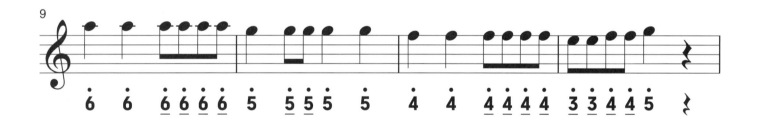

피노키오 (Pinocchio)

M. Gerard 작곡

MR 듣기

♩ = 60

♩ = 115

5 5 5 5 2̇　i̇　3 3 3 3 7　6　2 2 2 2 6·　5　5　—　—　—

5 5 5 5 2̇　i̇　3 3 3 3 7　6　2 2 2 2 6·　5　5　5　6　7

2̇ i̇ 2̇ i̇ 2̇ i̇ 2̇ i̇　7　6 6 6　—　7 6 7 6 7 6 7 6　5　4 4 4　—

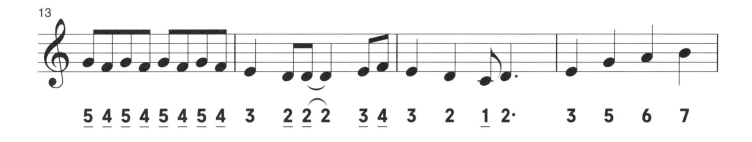

5 4 5 4 5 4 5 4 | 3 2 2 2 | 3 4 3 2 | 1 2· 3 5 6 7

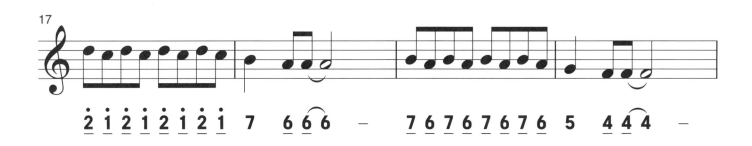

2̇ 1̇ 2̇ 1̇ 2̇ 1̇ 2̇ 1̇ 7 6 6 6 — | 7 6 7 6 7 6 7 6 5 4 4 4 —

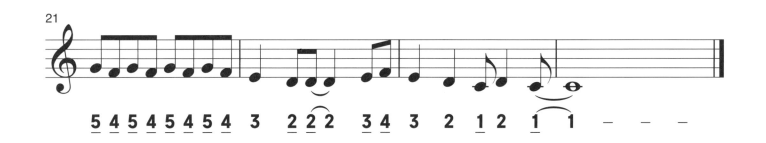

5 4 5 4 5 4 5 4 | 3 2 2 2 | 3 4 3 2 | 1 2 1 1 — — —

학교 가는 길

김광민 작곡

MR 듣기

♩ = 60　♩ = 105

5·　5 5 4 3 4　5　－　－　7 1 6　7 1 5　7 1　4　4 3 2　3 4

5　5　1　2 3　4 3 2 1 2　3 4　5　7　7 6 5 3　3　2 1 2　－

1·　1 7　6　6 5　5　－　5　5 5 7　1　6　－　－　6

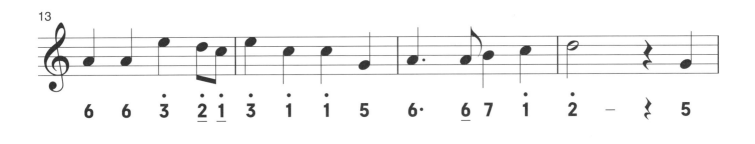

13

6 6 3̇ 2̲1̲ 3 1 1 5 6̇· 6̲7 1 2̇ − 𝄽 5

17

1̇· 1̲7 6 6 5 − 5 5 5 7 1̇ 6̇ − − 6

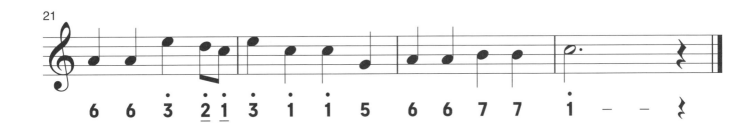

21

6 6 3̇ 2̲1̲ 3 1 1 5 6 6 7 7 1̇ − − 𝄽

할아버지의 시계

MR 듣기

H. C. Work 작곡

♩ = 60   ♩ = 80

5 i 7 1 2 1 2 3 4 3 6 2 2 i 1 1 7 6 7 i − − 5

i 7 1 2 1 2 3 4 3 6 2 2 i 1 1 7 6 7 i − − 1 3

5 3 2 1 7 1 2 1 7 6 5 1 3 5 3 2 1 7 1 2 − − 5 5

캐논 (Cannon)

J. Pachelbel 작곡

♩ = 60   ♩ = 80

3 – 2 – 1 – 7 – 6 – 5 – 6 – 7 – 3 – 2 – 1 – 7 – 6 – 5 – 6 – 7 –

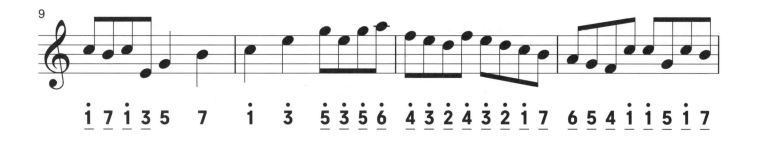

1 7 1 3 5   7   1   3   5 3 5 6   4 3 2 4 3 2 1 7   6 5 4 1 1 5 1 7

1 7 1 3 5   7   1   3   5 3 5 6   4 3 2 4 3 2 1 7

6   5   4   1   1   5   7 1 2   3   3 2 1 2 2   2 3 4 3 2

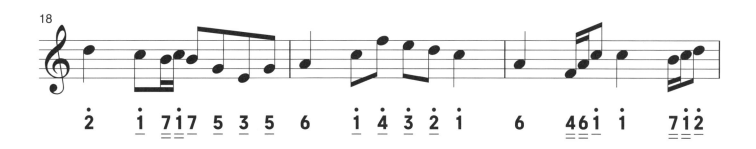

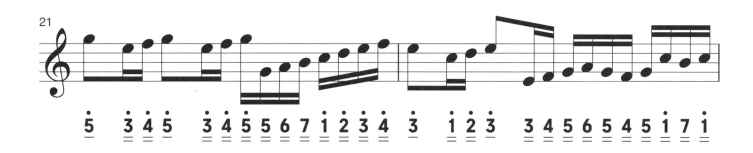

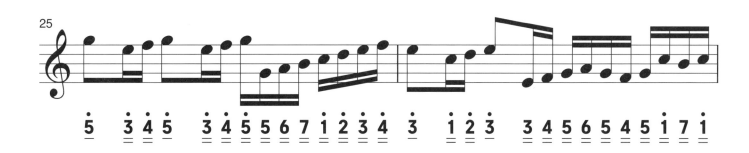

문어의 꿈

안예은 작곡

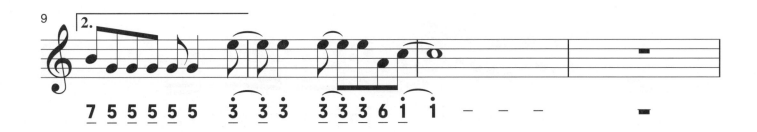

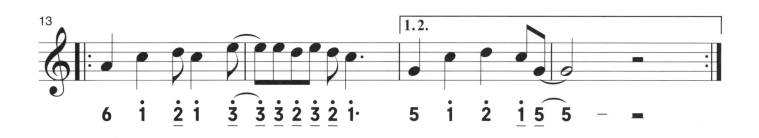

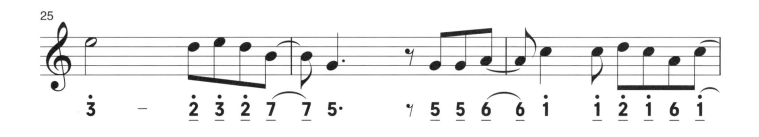

산책

애니메이션 '이웃집 토토로' O.S.T.

Hisaishi Joe 작곡

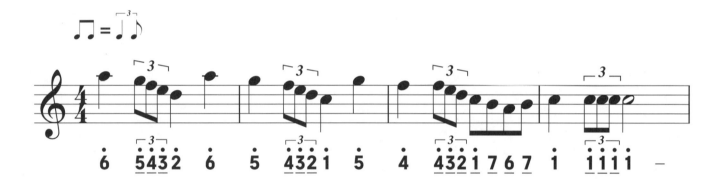

6　543 2　6　5　432 1　5　4　432 1 7 6 7　i　i i i i　－

3　5　i　－　5　6　5　－　ɣ 1 3 5 i　7 6　5　－　－　－

6　6 6 ɣ i 7 6　5　－　－　－　6 5 6 5 2　3　1　1　2　3

6 6̲ 6̲ 6 – 5 5̲ 5̲ 5 – 4 4 4 2̲ 3̲ 3 – – – –

1 1̇ 7 5̲ 6̲ 6 – ᵧ 6̲ 7̲ 1̇ 2̇ 1̇ 7 6 5 4 3 2

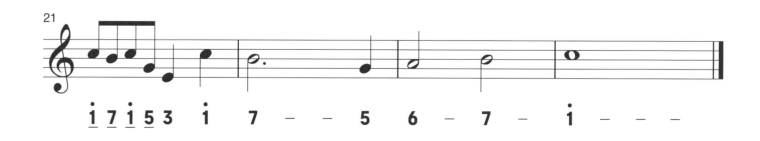

1̇ 7̲ 1̇ 5̲ 3 1̇ 7 – – 5 6 – 7 – 1̇ – – –

썸머 (Summer)

애니메이션 '기쿠지로의 여름' O.S.T.

Hisaishi Joe 작곡

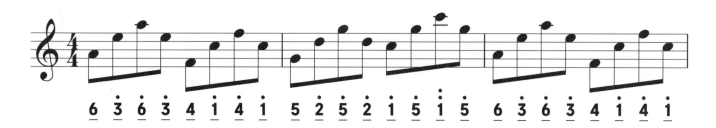

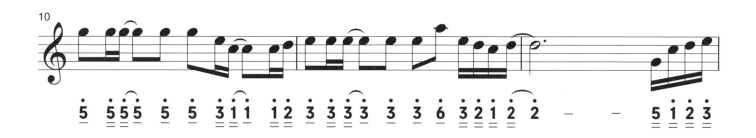

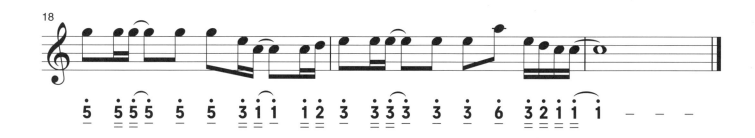

신호등

MR
듣기

이무진 작곡

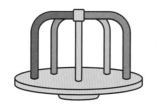

13

$\underset{\smile}{\cancel{2}}$ 2 2 2 1 7　1 7 1 1 2 3　—　$\mathcal{Y}$ 6 6 6 6 5 5 5 3　5　—　—　$\widehat{3\ 2}$

17

1　6 6 5　3 2　1 16 12 3 3 3　3 2 6　4 4 3 1 1 5 5

20

6　3 4 3 3 2 3 7 1　6 6 5　3 2　1 16 12 3 3 3　3 2

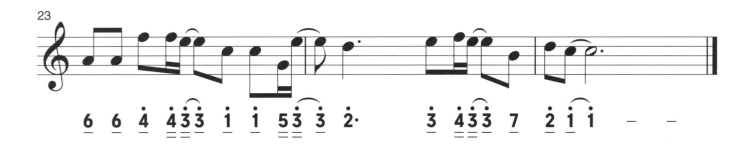

23

6 6 4 4 3 3 1 1 5 3 3　2·　3 4 3 3 7 2 1 1　—　—

아이엠 (I AM)

Ryan S. Jhun 외 3명 작곡

MR 듣기

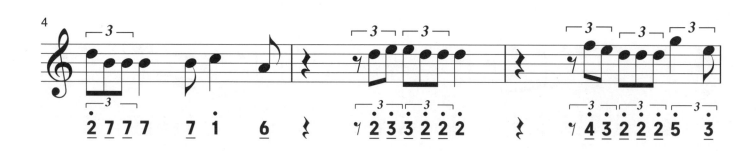

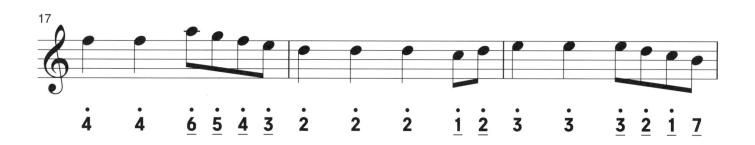

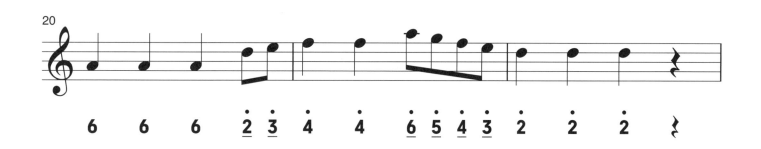

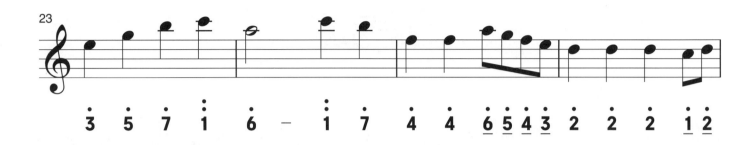

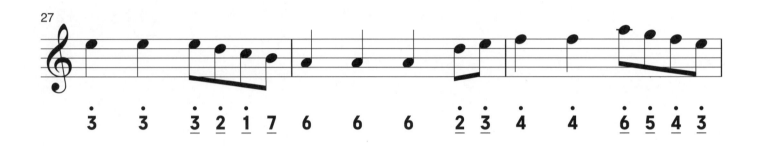

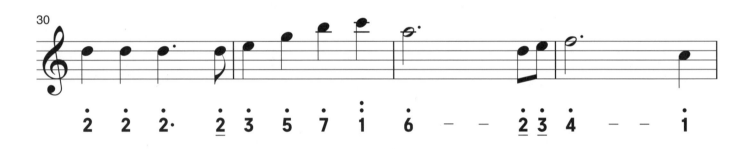

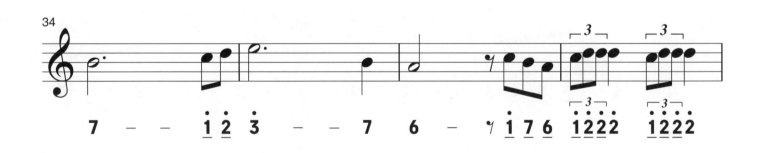

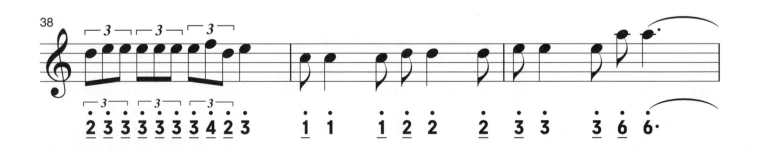

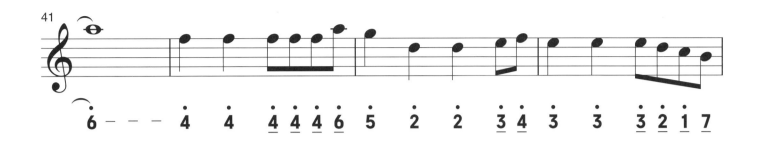

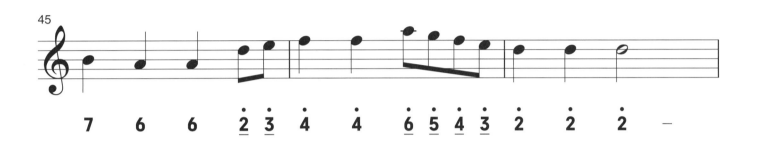

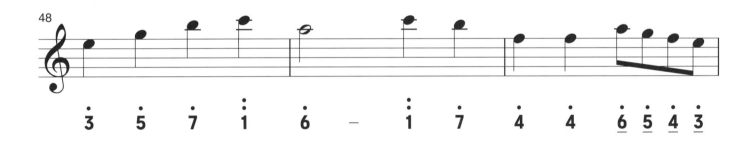

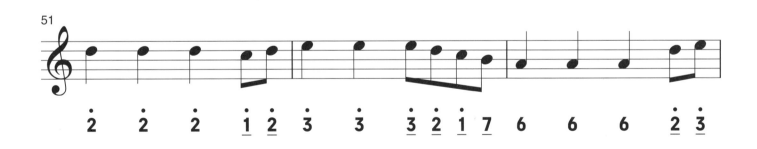

하입 보이 (Hype Boy)

250 외 1명 작곡

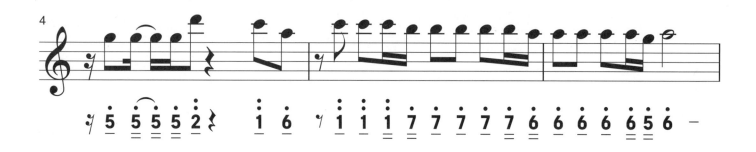

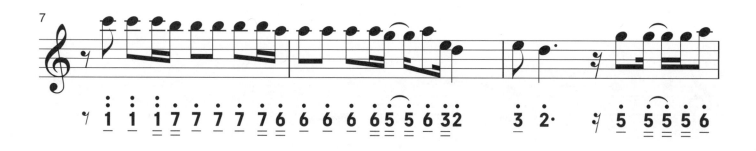

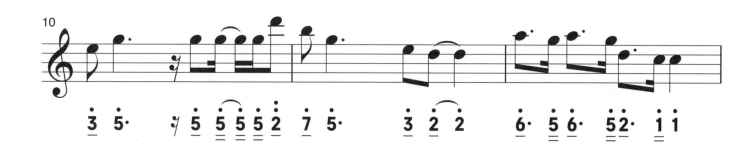

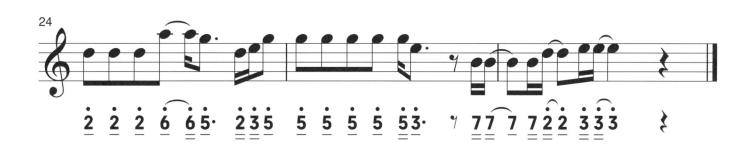

캔디(Candy) NCT DREAM ver.

MR 듣기

장용진 작곡

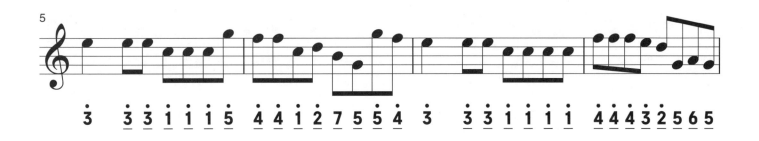

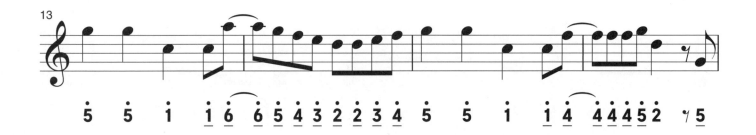

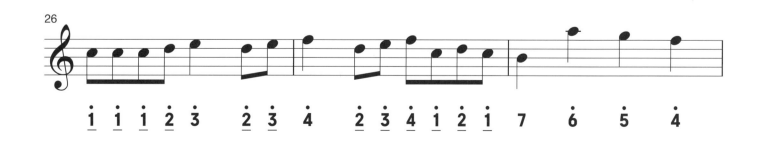

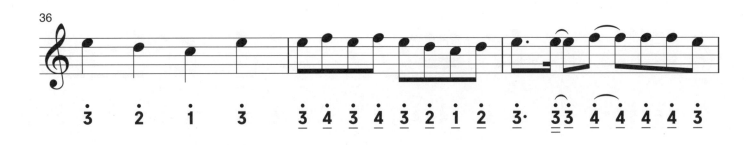

천개의 바람이 되어

Arai Man 작곡

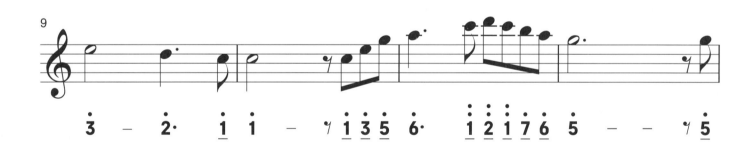

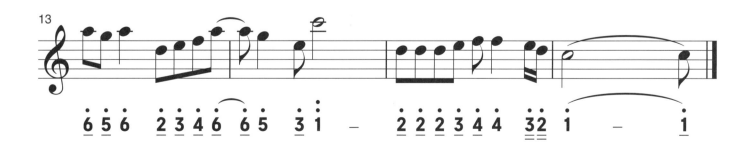

크리스마스에는 축복을

김현철 작곡

3 5 1̇ 3 4· 2̇ 2 — 2 4 7· 2̇ 2· 1̇ 1̇ —

𝄽 1̇ 1̇ 3 3 5 5 5̇· 4̇ 6 — 5̇· 4̇ 6 7 1 — ⁷ 1̇ 3̇ 2

6̇ 6̇ 3 2 2 2̇ 7 5̇ 5 2 1̇ 1 1̇ 2 3 3 1 1 6 5 4 5 5 5 — ⁷ 1̇ 3̇ 2

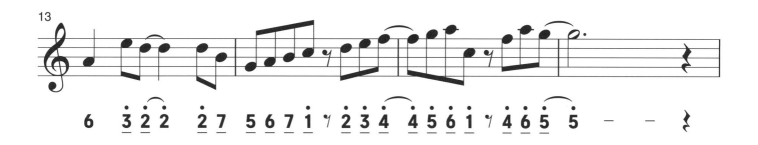

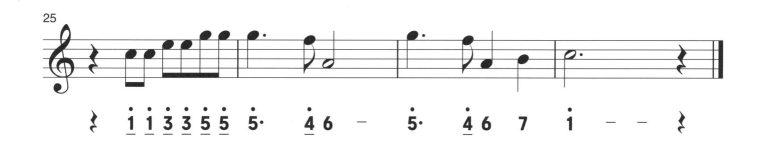

징글벨 락 (Jingle Bell Rock)

B. Helms 작곡

i i i 7 7 7 6 7 6 3 3 — 6 7 6 3 5 6 7 6 4 4 —

2 3 4 5 6 5 2 3 4 5 — ɣ 6 5 6 5 6 6 2 2 2 ⁝

i i i 7 7 7 6 7 6 3 3 — 6 7 6 3 5 6 7 6 4 4 —

2 3 4 5 6 5 2 3 4 5 — ɣ 6 5 7 5 i — — i i

이젠 안녕

MR 듣기

정석원 작곡

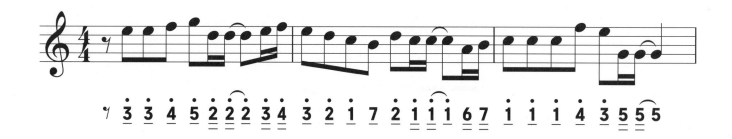

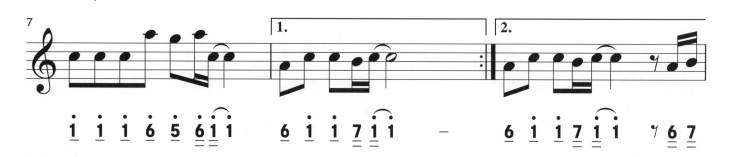

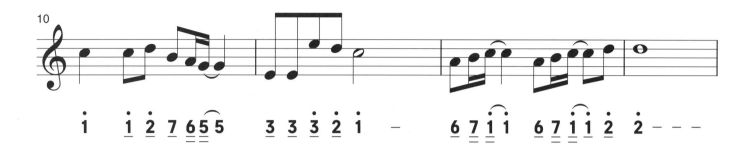

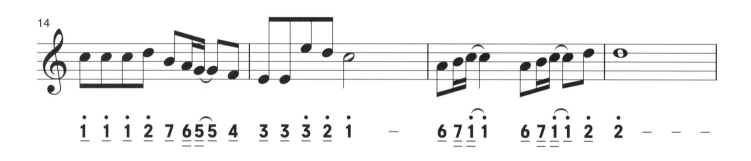

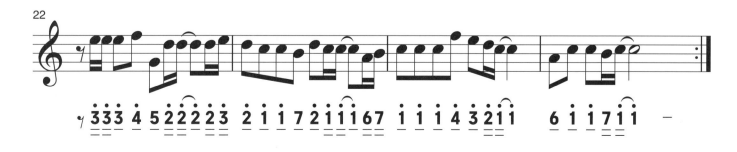

언더 더 씨(Under The Sea)

애니메이션 '인어공주' O.S.T.

A. Menken 작곡

MR 듣기

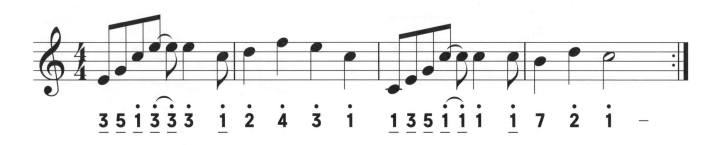

1 3 5 1̇ 1̇ 1̇ 1̇ 7 2̇ 1̇ 5 1 3 5 1̇ 1̇ 1̇ 1̇ 7 2̇ 1̇ —

D.S. al Coda

1̇ — — — 3̇ 3̇ 2̇ 1̇ 2̇ — — — 3̇ 3̇ 2̇ 1̇

5· 3̇ 3̇ 2̇ 1̇ 6· 3̇ 3̇ 2̇ 1̇ 3̇ — — — 3̇ 3̇ 2̇ 1̇

6 1̇ 1̇ 1̇ 6 2̇ — 1̇ 2̇ 3̇ 3̇ 2̇ 2̇ 2̇ 1̇ — 3̇ 2̇ 1̇

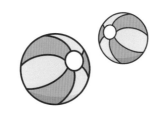

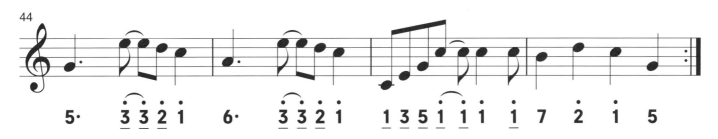

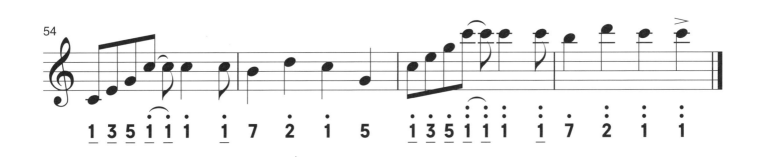

2성부 오버 더 레인보우(Over The Rainbow) MR 듣기

영화 '오즈의 마법사' O.S.T.

H. Arlen 작곡

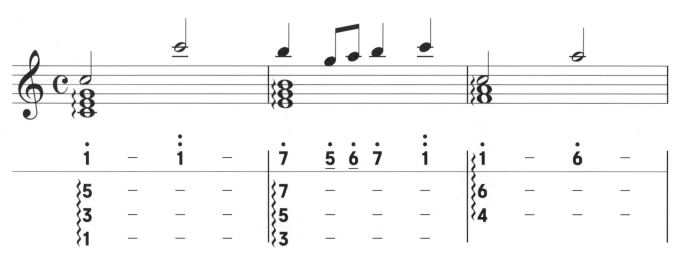

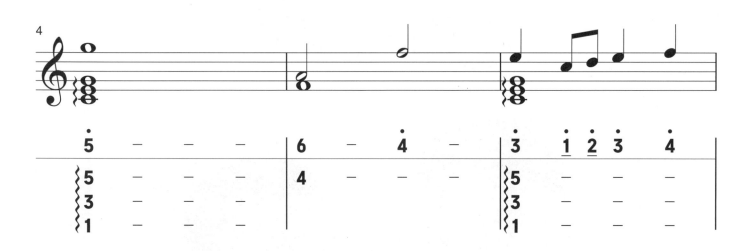

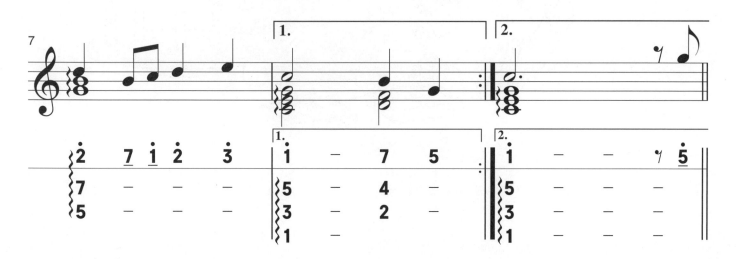

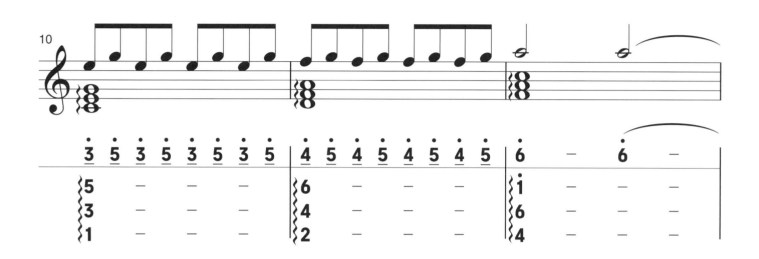

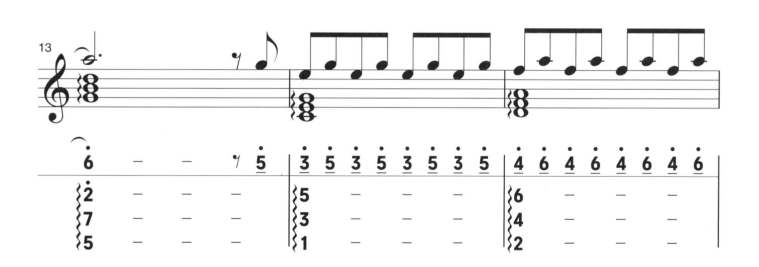

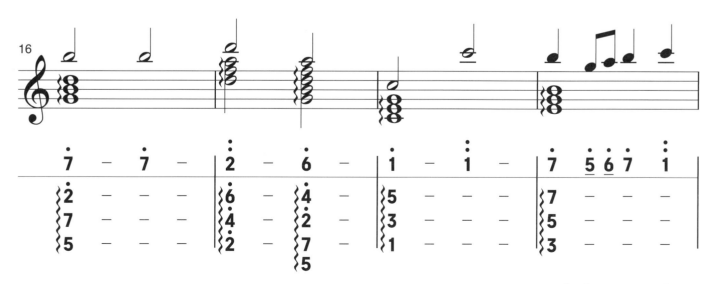

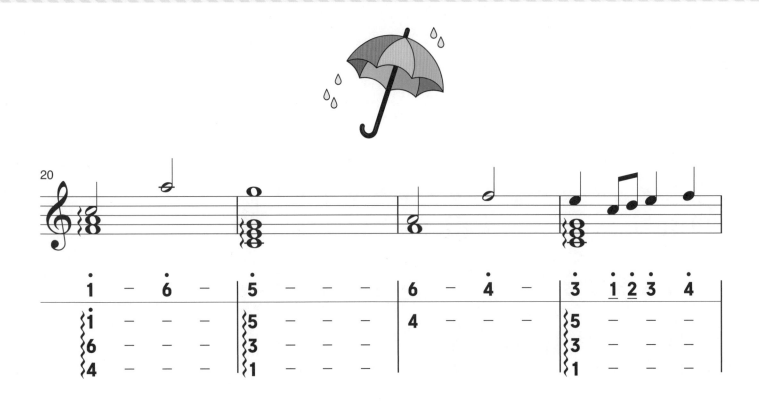

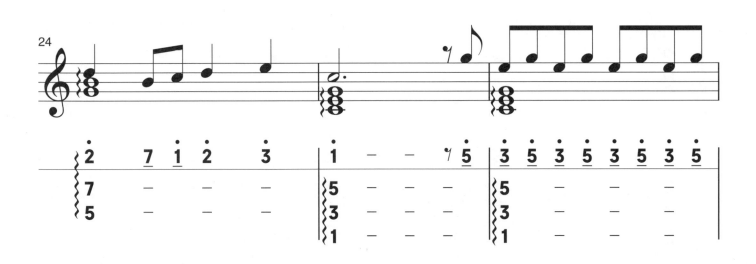

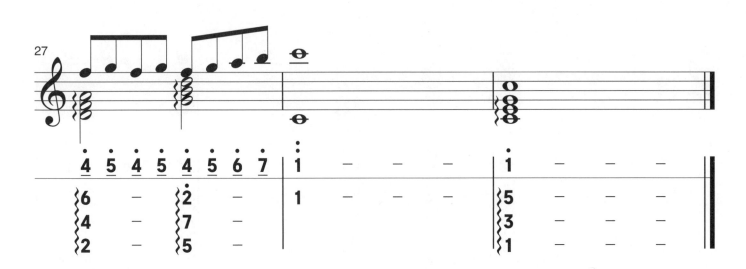

2성부 간식송

정다운 작곡

MR
듣기

P. I. Tchaikovsky

2성부 레몬 트리(Lemon Tree)

P. Freudenthaler 외 1명 작곡

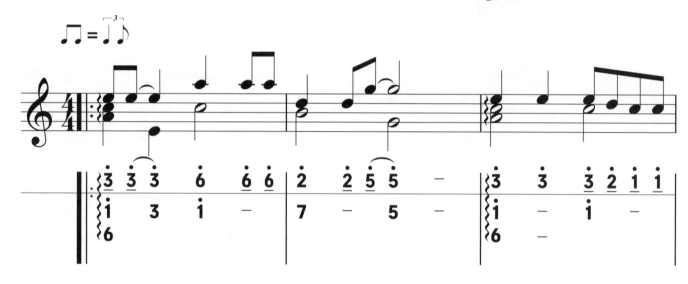

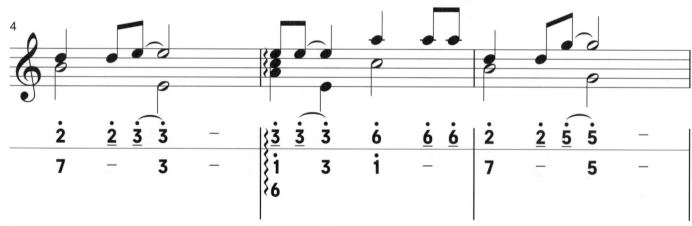

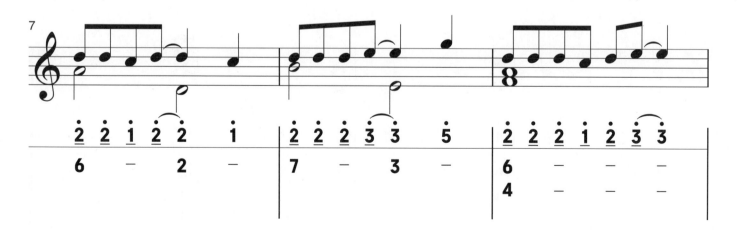

2성부 언제나 몇 번이라도

애니메이션 '센과 치히로의 행방불명' O.S.T.

Hisaishi Joe 작곡

MR 듣기

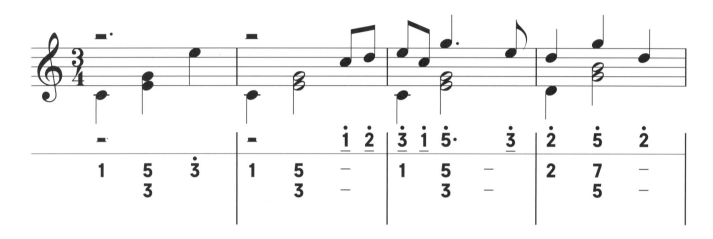

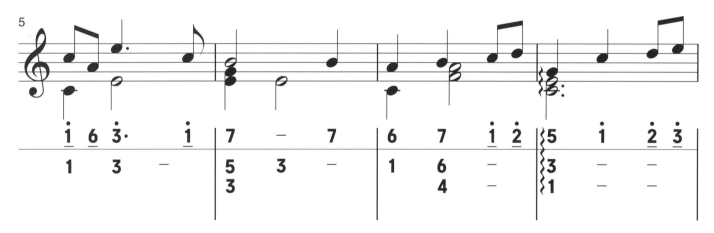

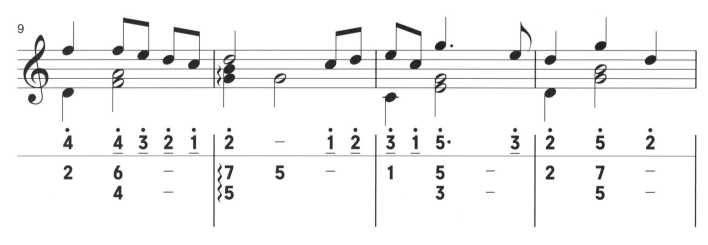

34 Key 플라워 댄스 (Flower Dance)

DJ Okawari 작곡

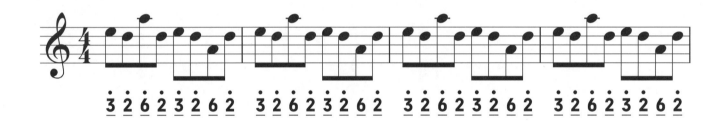

3 2 6 2 3 2 6 2   3 2 6 2 3 2 6 2   3 2 6 2 3 2 6 2   3 2 6 2 3 2 6 2

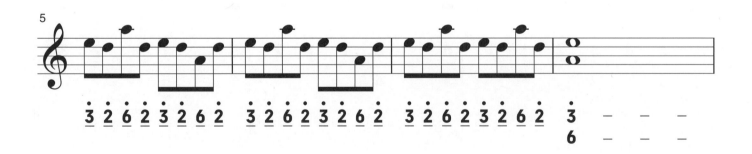

5

3 2 6 2 3 2 6 2   3 2 6 2 3 2 6 2   3 2 6 2 3 2 6 2   3 — — —
                                                         6 — — —

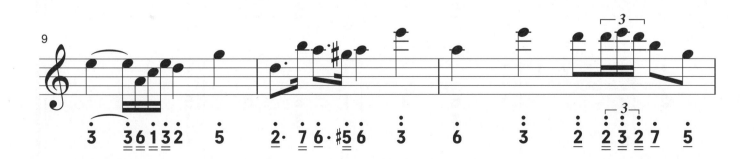

9

3   3 6 1 3 2   5   2· 7 6 ·#5 6   3   6   3   2 2 3 2 7   5

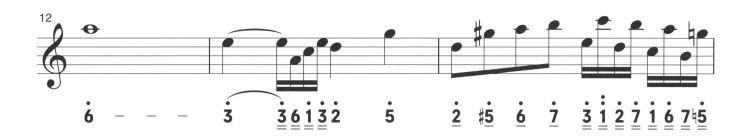

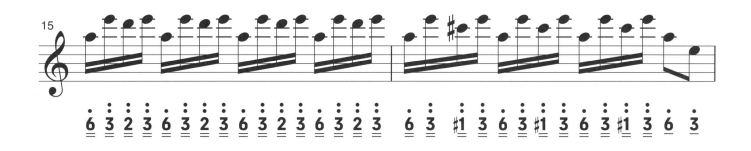

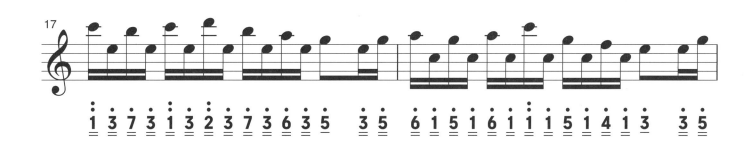

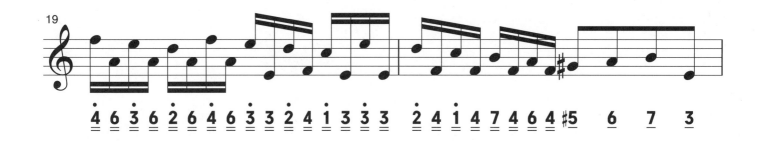

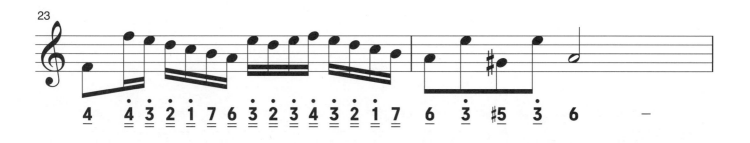

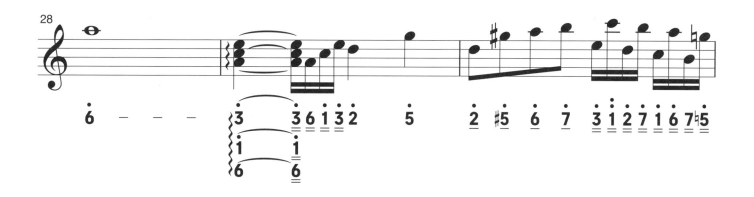

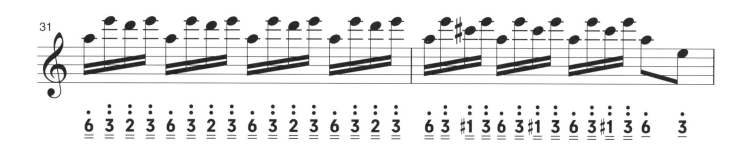

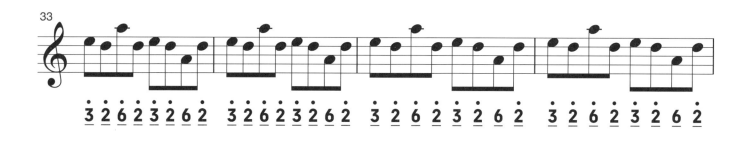

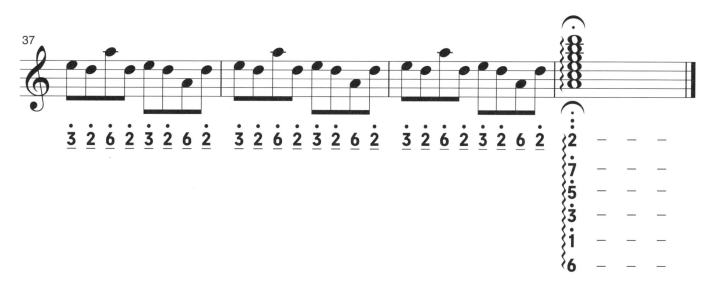

34 Key **밤양갱**

장기하 작곡

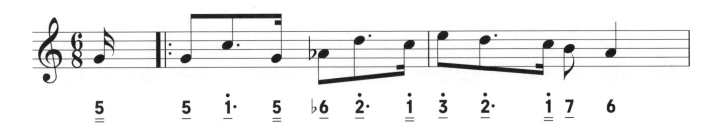

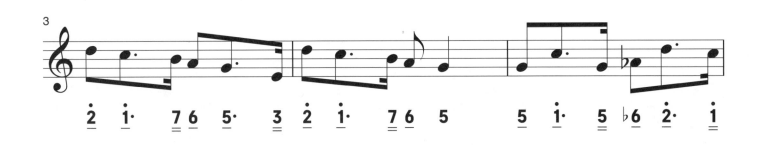

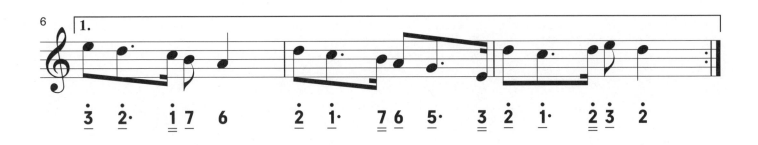

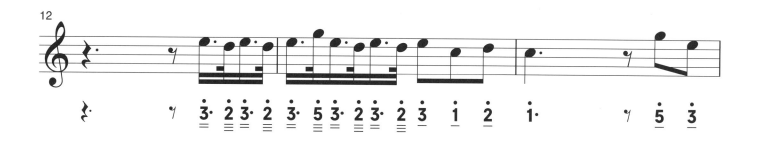

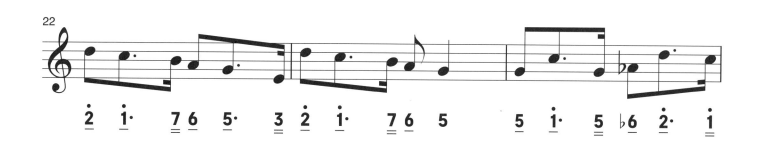

34 Key 인생의 회전목마

애니메이션 '하울의 움직이는 성' O.S.T.

Hisaishi Joe 작곡

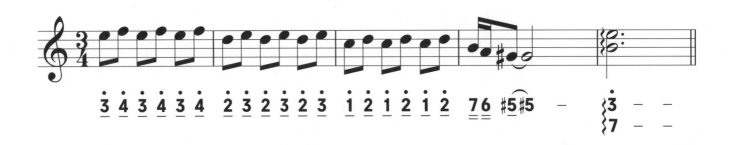

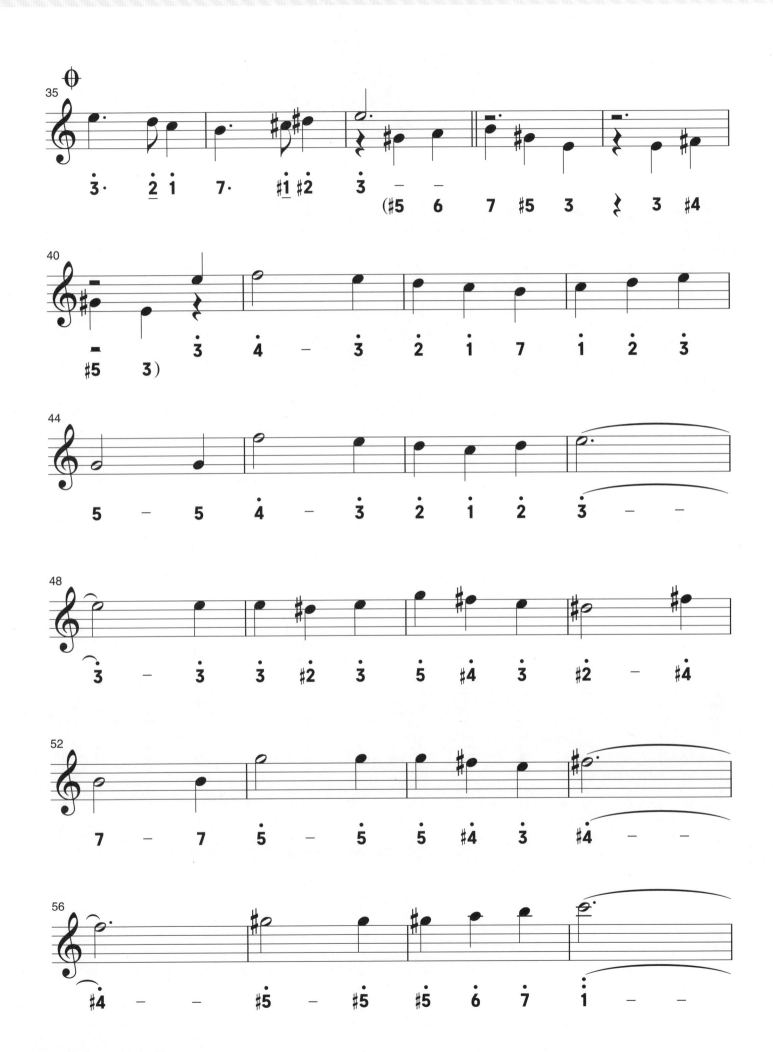

34 Key 그린 슬리브즈 (Green Sleeves)

MR 듣기

영국 민요

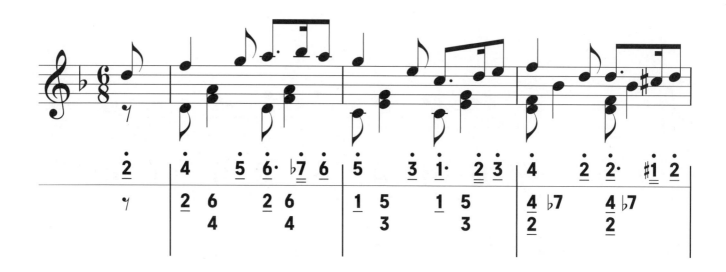

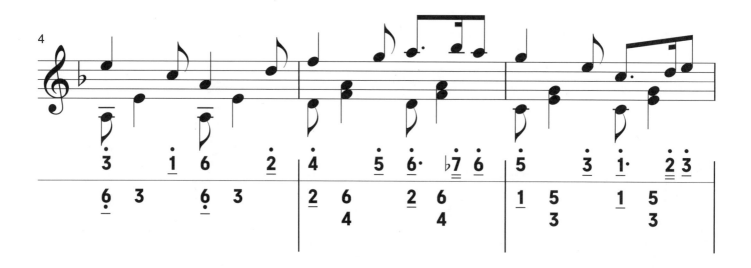

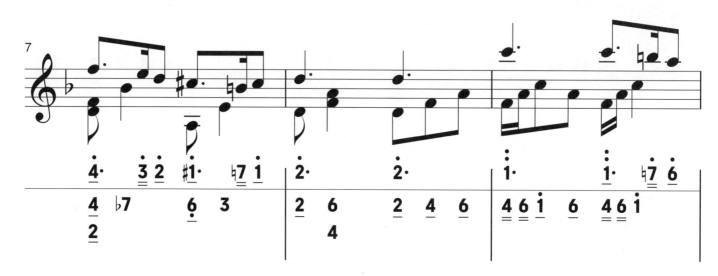

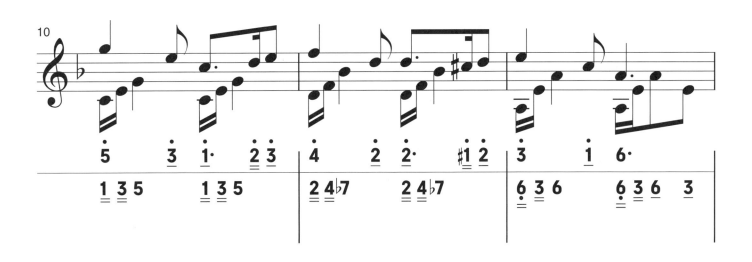

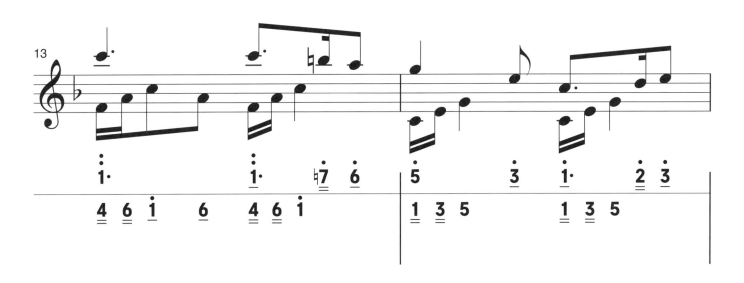

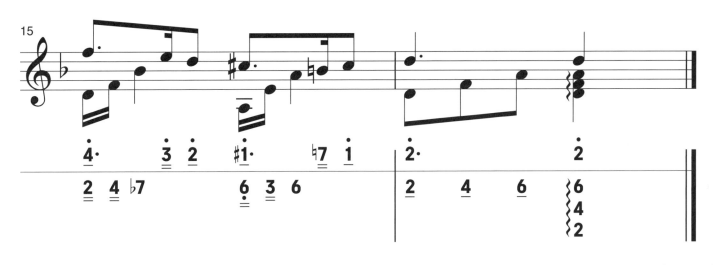

스즈메 (Suzume) (すずめ = 참새)

애니메이션 '스즈메의 문단속' O.S.T.

Kazuma Jinnouchi 작곡

MR 듣기

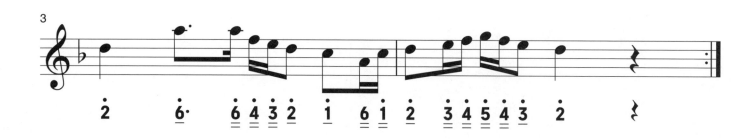

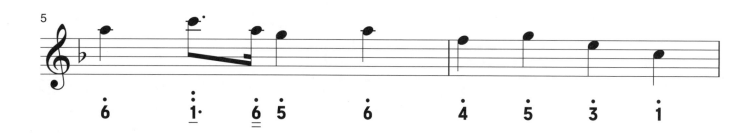

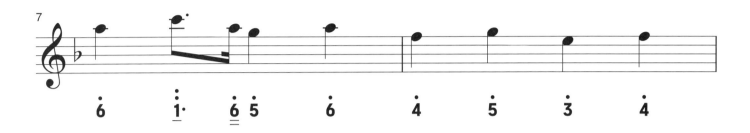

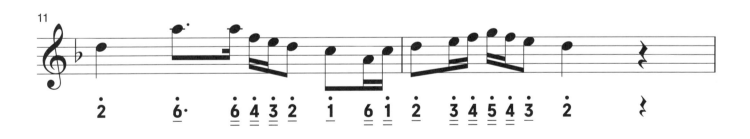

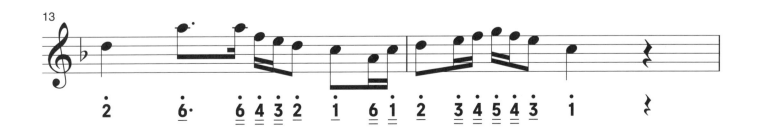

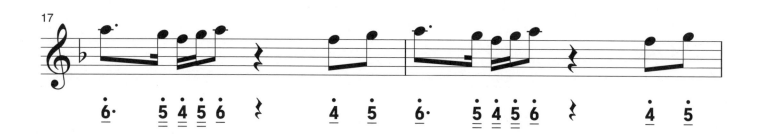

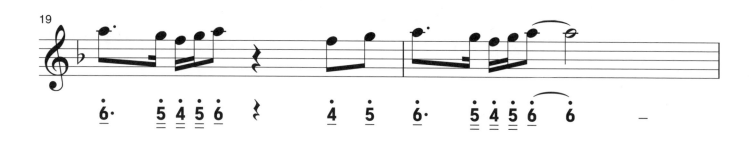

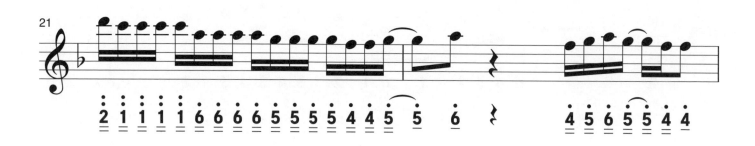

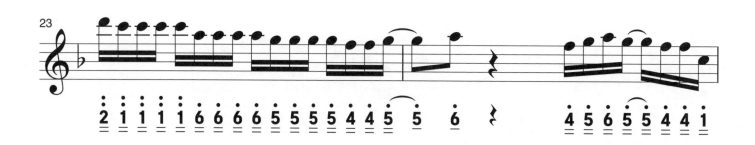

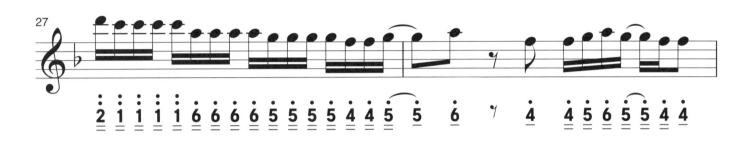

34 Key 엘리제를 위하여

L. v. Beethoven 작곡

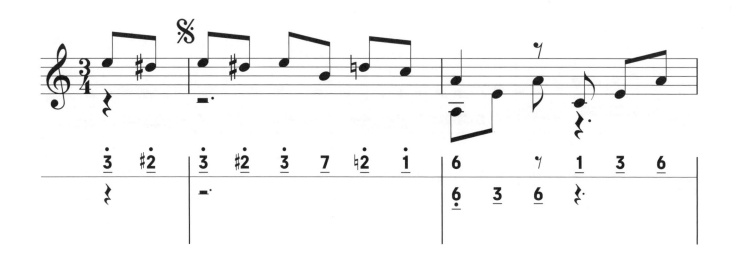

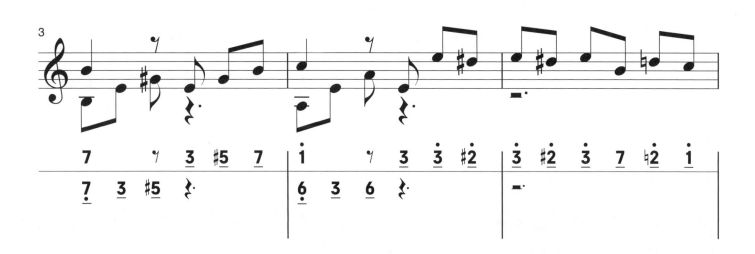

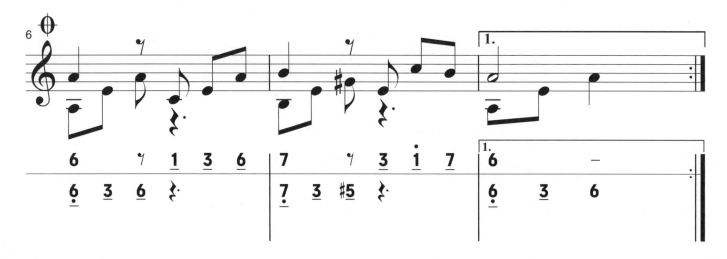

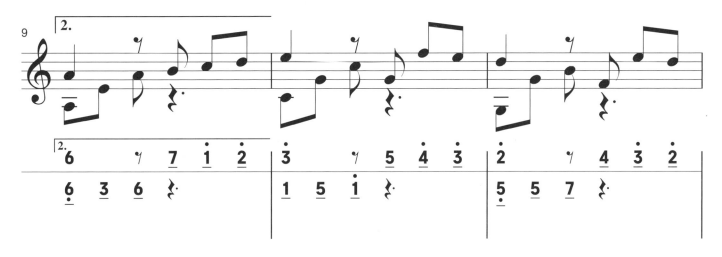

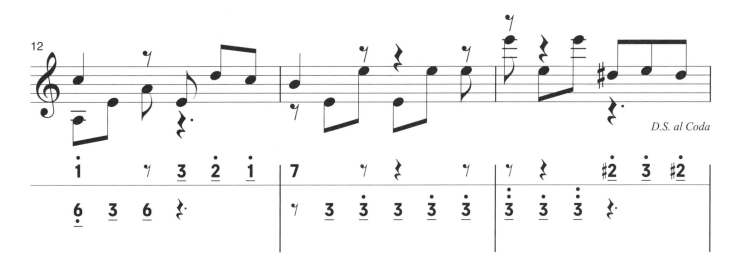

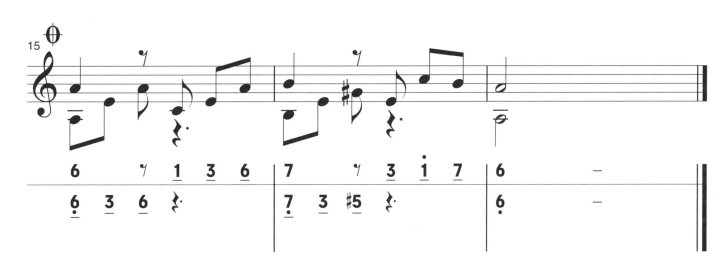

제4장

앙상블

이젠 친구들과
같이 연주해 보자

2명씩, 3명씩 연주해봐~

2중주 시대를 초월한 마음

애니메이션 '이누야샤' O.S.T.

Wada Kaoru 작곡

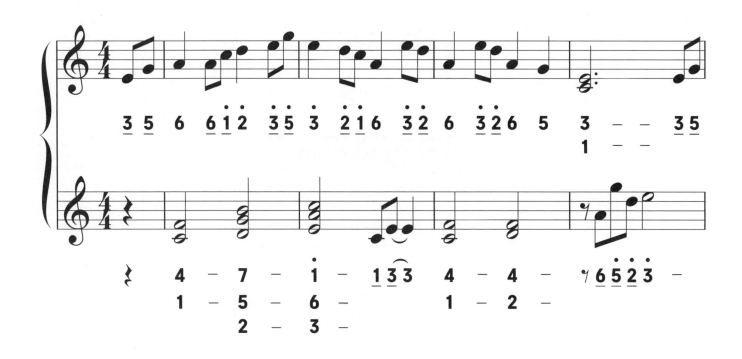

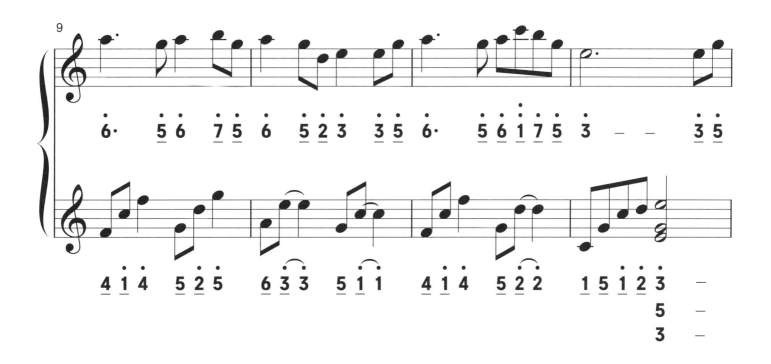

2중주 호랑수월가

상록수 작곡

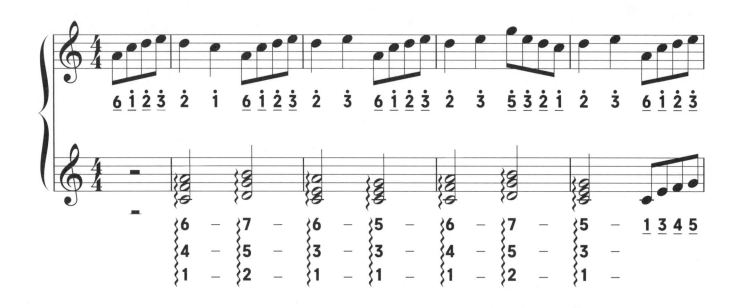

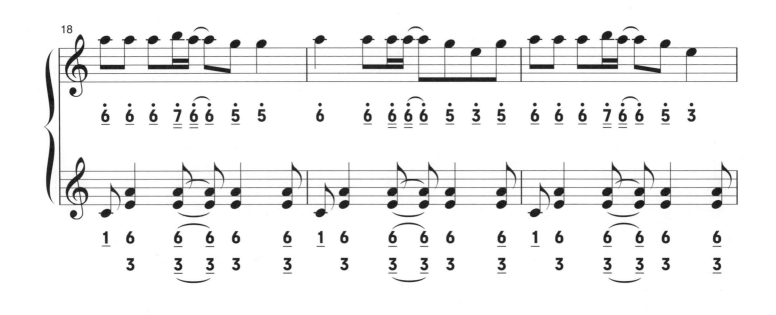

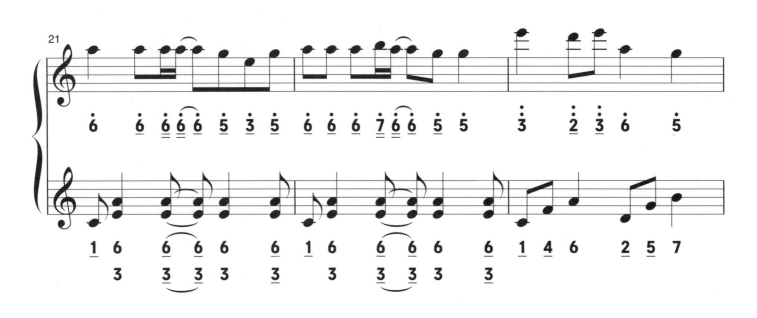

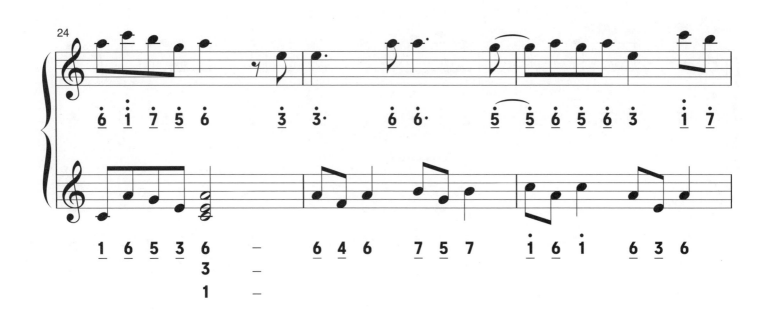

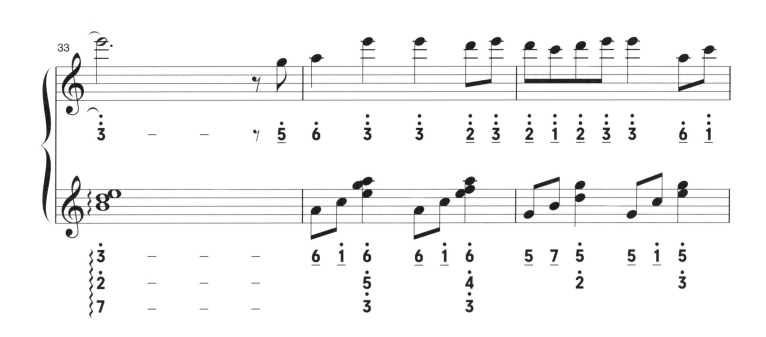

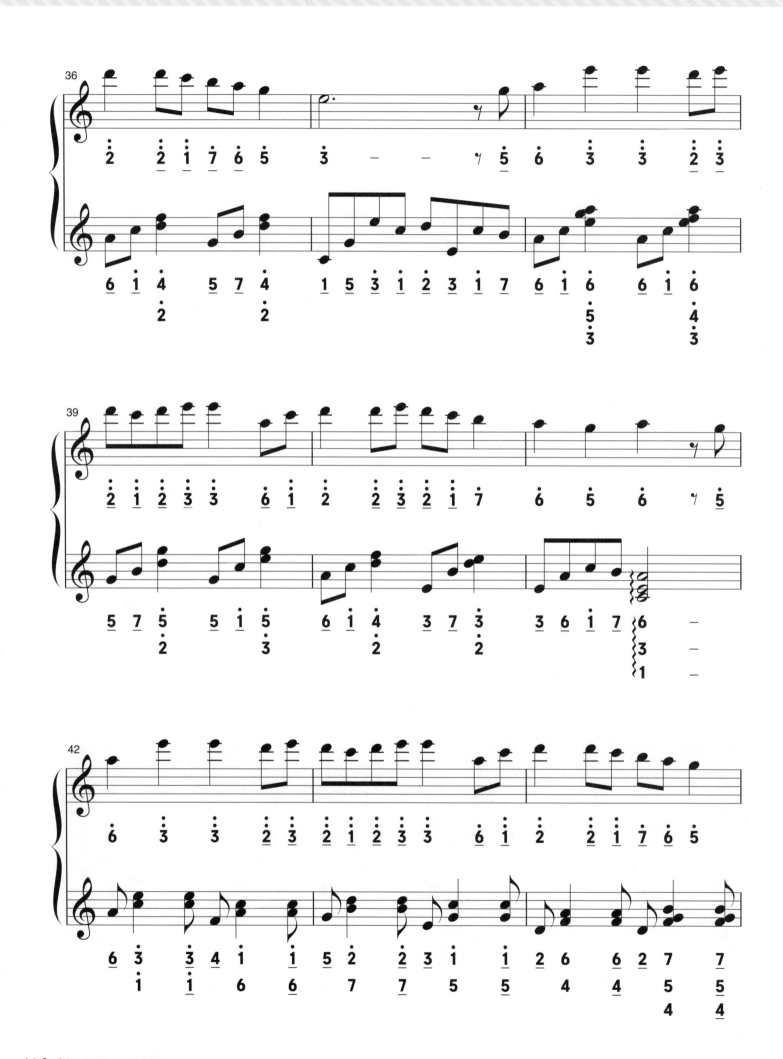

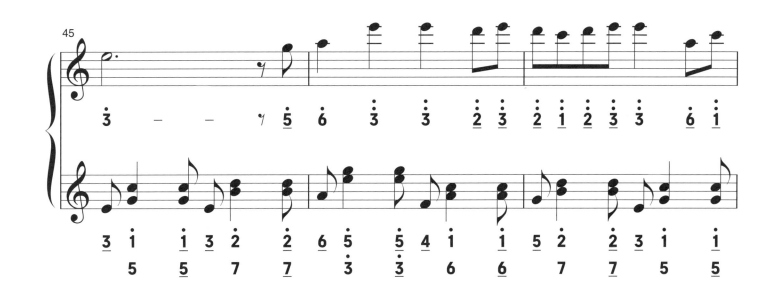

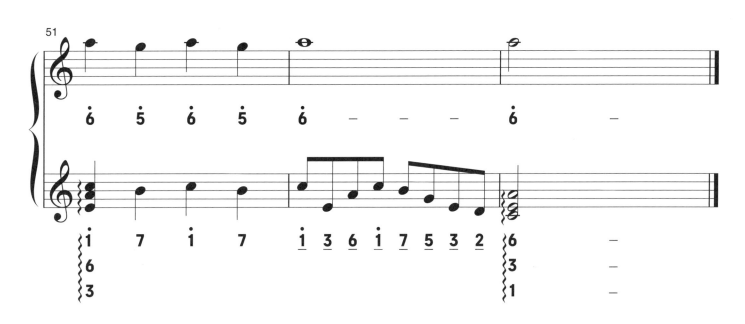

3중주 홀로 아리랑

한돌 작곡

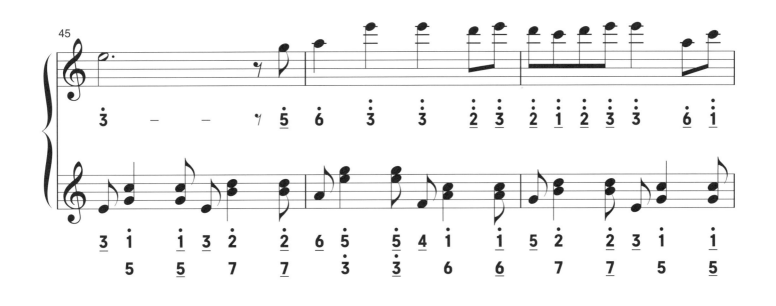

한돌 작곡

한국칼림바교육개발원(KKEDI)

한국칼림바교육개발원은 칼림바 음악교육의 전문성과 보급을 위하여 정교한 커리큘럼과 음악교수법을 연구·개발하는 단체입니다. '칼림바 지도자 자격증' 과정을 통해 체계적인 교육을 위한 전문 지도자를 양성하고 싶습니다. 부설 기관인 부엉이 칼림바 연구소(O.K Lab)에서 음악애호가들을 위해 다양한 장르의 음악을 칼림바에 최적화된 편곡을 통해 나누며, 연주단체인 서울칼림바체임버오케스트라(SKCO)를 위한 곡을 지속적으로 편곡 및 창작하여 칼림바 음악의 가능성을 널리 알리고 있습니다.

황지수
- 이화여대 피아노과 및 동대학원 졸업
- 미국 인디애나 대학교 석사 졸업
- 미국 미네소타 대학교 박사 졸업
- 명지대 객원조교수, 동덕여대, 명지전문대, 목원대, 수원여대, 숭의여대, 중앙대 강사 역임
- 현재 예술융합피아노앙상블 PICAS 대표, 총신대 콘서바토리, 서울대교육연수원 출강

김지원
- 대중음악 작, 편곡가
- 한양여자대학교 실용음악과 출강
- 싱어송라이터 AG.JO
- 퓨전국악듀오 "아요풍류"

이평화
- 숙명여대 작곡과 졸업
- 유리드믹스 인스티튜트 연구과정 수료
- 아마빌레뮤직 오카리나 지도자 고급과정 수료
- 용인 신예음 음악학원 원장 역임
- 소양초, 송광초 칼림바 및 오카리나 강사

이하림
- 서경대학교 실용음악학과 연주작곡전공 학사 졸업
- 국민대학교 교육대학원 음악교육전공 석사 졸업
- 석사학위논문 - 자유학기제를 위한 칼림바 수업 지도방안 연구
- 현재 율현초등학교 음악전담교사

편저 한국칼림바교육개발원(KKEDI)

발행인 정의선
이사 전수현
콘텐츠기획실 최지환
편집 서보람, 양혜영
미술 강현희, 임현아, 김숙희
기획마케팅실 사공성, 김상권, 장기석
제작 박장혁, 전우석

인쇄일 2024년 10월 25일

발행처 ㈜음악세계
출판등록 제406-2019-000124호
주소 경기도 파주시 Bookcity 165 ⊕10881
전화 영업 031-955-1486 편집 031-955-6996
팩스 영업 031-955-6988
홈페이지 www.eumse.com

ISBN 979-11-6680-118-1-13670

이 책에 수록된 곡은 저작권료를 지급한 후에 제작되었으나 일부 곡은 여러 경로를 통한 상당한 노력에도 저작자 및 저작권 대리권자에 대한 부분을 찾기 어려운 상황임을 말씀드리며, 저작자 또는 저작자의 권리를 대리하시는 분이 계시면 본사로 연락주시기 바랍니다.
추후 곡의 사용에 대한 저작권자의 요구 시 저작권법 및 저작자 권리단체의 규정을 따를 것을 말씀드립니다. 저작자의 권리는 반드시 존중되어야 합니다.